Emilie Baduel

Mise en suspens de soi chez le sujet état-limite

Emilie Baduel

Mise en suspens de soi chez le sujet état-limite

rencontre avec Hugo

Éditions universitaires européennes

Impressum / Mentions légales
Bibliografische Information der Deutschen Nationalbibliothek: Die Deutsche Nationalbibliothek verzeichnet diese Publikation in der Deutschen Nationalbibliografie; detaillierte bibliografische Daten sind im Internet über http://dnb.d-nb.de abrufbar.

Information bibliographique publiée par la Deutsche Nationalbibliothek: La Deutsche Nationalbibliothek inscrit cette publication à la Deutsche Nationalbibliografie; des données bibliographiques détaillées sont disponibles sur internet à l'adresse http://dnb.d-nb.de.

Coverbild / Photo de couverture: www.ingimage.com

Verlag / Editeur:
Éditions universitaires européennes
ist ein Imprint der / est une marque déposée de
OmniScriptum GmbH & Co. KG
Heinrich-Böcking-Str. 6-8, 66121 Saarbrücken, Deutschland / Allemagne
Email: info@editions-ue.com

Herstellung: siehe letzte Seite /
Impression: voir la dernière page
ISBN: 978-3-8416-7173-8

SOMMAIRE

Introduction

Problématique clinique

Hypothèse

<u>RENCONTRE AVEC HUGO</u>

I.1 / Première rencontre

I.2 / *Monsieur Plus*

I.3 / Du trop plein *au manque dans l'être*

I.4 / Clivage du moi et mise en suspens de soi

- *une perception clivée du monde*

- *expression du faux-self*

- *expression de la mise en suspens de soi*

I.5 / A propos de l'histoire familiale

Le point de départ de cet ouvrage concerne ce que j'ai ressenti face à certains sujets comme une *mise en suspens de soi*. J'ai souhaité réfléchir et tenter de rendre compte de cette impression clinique au cours de ce travail.

Je suis en stage de fin d'étude, j'assiste aux consultations et aux suivis effectués par mon collègue psychiatre. Il s'agit pour moi d'observer et de découvrir comment dans le temps étendu mais limité d'une psychothérapie, les problématiques des uns et des autres se présentent, évoluent et se parlent. Il a été aussi question de prendre mes repères en découvrant notamment ce sur quoi mon attention se portait dans mon écoute, et à me questionner.

Il m'est aussi arrivé de me laisser aller à *ce quelque chose qui s'est passé* dans la rencontre avec certains sujets. Du fait de cette « accroche » et par cette place que mon collègue Julien m'a toujours laissée prendre, il y a aussi eu des suivis où je me suis impliquée et auxquels j'ai activement participé. Chacun à notre place mais ensemble dans un réel travail de collaboration et de partage.

C'est dans ce contexte que j'ai rencontré Hugo, un jeune homme de 19 ans dont je raconterai l'histoire personnelle et le parcours psychothérapeutique dans cet ouvrage.

Pour une première approche, la *mise en suspens* de soi pourrait s'entendre comme un phénomène réactionnel à des troubles envahissants où pour un temps, le sujet n'aurait plus cette possibilité de se créer soi-même.

Je pense là au sujet déprimé qui s'éprouve « figé » par un moi qui ne peut plus penser ni imaginer. Un sujet qui, tout le temps de sa dépression, fait la douloureuse expérience de ce que Fédida nomme l' « *extinction de* [sa] *vie psychique* »[1].

Je pense aussi à tous ces patients qui souffrent de phobies ou d'obsessions importantes qui ne parviennent plus ou mal à exister en dehors d'une symptomatologie à la fois bruyante et débordante.

La mise en suspens de soi telle que j'ai été amenée à la penser dans la rencontre avec Hugo pourrait avoir ceci de particulier que le jeune homme a du mal à se créer et à exister par lui-même.

le temps de l'observation

Hugo nous arrive dans les premiers temps de la rencontre « sous tension ». Face à nous, il parvient à garder le contrôle mais semble débordé. Le jeune homme « analyse » sans arrêt, parle aussi beaucoup et vient remplir à l'excès de ses mots et de sa présence cet espace de parole. A part celle de réceptacle, mon collègue Julien et moi n'avons pas ici d'autres formes d'existence…

Ce qui de prime abord caractérise le jeune homme pourrait tenir à son impulsivité. Hugo a été amené à passer à l'acte quand il était plus jeune en « *frappant* » des gens

---

[1] FEDIDA P., 2001, <u>Des bienfaits de la dépression</u>,

qui l'auraient « provoqué ». Il est colérique, « explosif » et aujourd'hui, il cherche à se contrôler mais il lui arrive encore de « *péter les plombs* ».

Il se plaint plus particulièrement d'une impulsion à passer à l'acte et redoute de perdre le contrôle.

Il parle beaucoup, nous expose ses différentes « analyses » de sa situation comme celle de ses proches mais quelque chose sonne faux… Je réalise qu'à travers ses flots de paroles, je ne parviens pas à le « situer » ni même à le rencontrer.

Ce qui pourrait caractériser ces premiers échanges tient au fait que le jeune homme occupe complètement la scène alors même qu'il en est absent.

Ils parlent des « siens », de ceux qui comptent plus que tout pour lui mais le jeune homme ne parle jamais en *son propre nom*, ni *pour son propre compte*. Dans les liens qu'il développe avec les gens qu'il aime, il n'apparaît pas ou trop peu.

Problématique clinique

Hugo a 19 ans. Il est dans cette tranche de vie où il a à se confronter à tous les remaniements internes et plus particulièrement identitaires. Mais aussi où il s'agit dans la rencontre avec ses pairs d'apprendre à exister pour et par soi-même. Ses passages à l'acte comme son impulsivité sont survenus au moment des premières rencontres et autres expériences amoureuses de sa vie de jeune adulte.

Il se confronte aujourd'hui à des sujets qui lui demandent d'exister par lui-même, de nourrir la relation, de s'impliquer, de surprendre et de créer. Et en lieu et place d'un comportement souple et adapté, le jeune homme éprouve une importante tension psychique et répond par les passages à l'acte.

Une articulation que vient me questionner sur ce qu'il en est des modalités de ses investissements objectaux.

J'ai le sentiment que dans les liens qu'il développe avec les siens, *toute la place est faite à l'autre et il n'y a pas toujours de la place pour soi.* Dans le même temps, à travers son impulsivité et plus particulièrement ses comportements violents et destructeurs envers autrui, *il ne fait plus ici de place à l'autre et il pourrait s'agir de prendre toute la place pour soi.*

Hypothèse

On découvre ici un fonctionnement clivé où apparaît **la difficulté d'être soi dans le lien à l'autre.**

Plus précisément, la tendance à l'agir comme les nombreux débordements du jeune homme viennent signer une certaine fragilité narcissique. Par ailleurs, ses difficultés dans l'interaction avec l'autre pourraient bien venir révéler « *ce manque dans l'être* »[2] ou un certain « vide de soi » compensé et/ou comblé jusqu'ici au moyen de ce que Winnicott nomme le « *faux self* »[3].

Il se confronte à mon sens à une problématique narcissique et identitaire importante compensée jusque là au moyen d'un fonctionnement en *faux self* qui se révèle aujourd'hui bancal et/ou « insuffisant ».

Nous faisons l'hypothèse que ses nombreux recours au corps et à l'agir s'inscrivent ici comme tentative pour se dégager de ce fonctionnement en surface et comme tentative pour se rencontrer et pouvoir commencer à exister pour et par soi-même.

---

[2] ROUSSILLON, La subjectivation.
[3] WINNICOTT, D.W, La mère suffisamment bonne.

Alors qui est-il à travers ce faux-self ? Quelle est cette identité d'emprunt que nous devons rencontrer ? Et comment travailler ensemble, nous, le *faux-self* et le sujet bien caché en difficulté pour se montrer et se révéler ?

Rencontre avec HUGO

I / Figure de la mise en suspens de soi : l'histoire de Hugo

1/1 Première rencontre

Hugo se présente dans le service « en urgence » et demande à voir un médecin. C'est sa sœur qui l'a conduit jusqu'ici et comme lui, elle est dans un état de tension important. Julien les reçoit seul pour cette première consultation.

Le jeune homme vient de « *mettre son compte* » à un cycliste mal poli. Lui, son père et sa sœur étaient en voiture lorsqu'à un feu, un homme leur a grillé la priorité. Hugo explique que là, « *c'était trop* » et qu'il fallait faire comprendre à cet homme les bonnes manières. Il sort brusquement de la voiture et secoue violemment le cycliste…

Il ne regrette rien. Peut-être même qu'il n'en a pas fait assez… S'il n'est pas allé « au bout » c'est parce que sa sœur pleurait et il ne veut pas la voir comme ça.
Le père du jeune homme n'a pas été plus dérangé que ça par le comportement du cycliste mais pour Hugo, il méritait de comprendre « *Il fallait que je réagisse. Je ne pouvais pas le laisser faire ça* ». Pour lui, le comportement du cycliste n'est pas banal et sa réaction n'est en rien disproportionnée…

Sa sœur met l'accent sur l'agressivité du jeune homme. Ce n'est pas la première fois que ce genre d'incident survient. Déjà au lycée, il s'est bagarré à plusieurs reprises avec parfois des conséquences importantes.

Depuis plusieurs mois, les choses étaient rentrées dans l'ordre et elle redoute que « *tout revienne* ». De son côté, le jeune homme ne se sent pas non plus à l'abri de ça.

Il insiste, s'il vient ici, c'est pour faire plaisir à sa sœur. C'est parce qu'il ne veut pas faire de mal « *aux gens qu'il aime* ». C'est aussi pour eux qu'il se contient. Pour eux et pour ne pas les décevoir que depuis quelques mois, il prend sur lui alors qu'à plusieurs reprises, dans le métro ou au cours des soirées étudiantes, il aurait eu « *l'occasion de se faire plaisir* ».

Au terme de ce premier entretien, Julien lui propose de se rencontrer régulièrement et un rendez-vous est pris pour la semaine suivante.

Je suis présente lors du deuxième rendez-vous. Hugo accepte spontanément la présence de la psychologue à côté de son thérapeute.

Le jeune homme a beaucoup de charme et il présente bien. Il porte tout le temps des chemises qu'il accorde avec goût à ses cravates et gilets sans manche. Il est soigné et sait se mettre en valeur. En le voyant pour la première fois, j'ai du mal à l'imaginer bagarreur. Son style vestimentaire, ses sourires et ses « analyses » renvoient de lui l'image d'un jeune homme mature, classe et distingué. Une présentation qui attire le regard mais qui en visant à le vieillir pose aussi une certaine limite. Hugo fait aussi très « sérieux » et on en oublierait presque qu'il n'a que 19 ans.

Le jeune homme vit avec ses parents et ses sœurs dans un pavillon de la banlieue parisienne. Il est le troisième et le dernier de la fratrie. Il est aussi le seul garçon.

Ses études secondaires se sont déroulées dans un lycée prestigieux de Paris et malgré ses problèmes de comportement, il a brillamment réussi. Il poursuit actuellement des études supérieures et vient de faire sa rentrée en deuxième année de sciences économiques et sociales.

Des études qu'il investit comme sa vie étudiante au sein de la fac. Sa fonction de vice-président du bureau des étudiants est prise très au sérieux et il s'agit d'un statut important qu'il cherche à honorer. Hugo est sur tous les coups et quand il s'agit d'organiser une soirée, on peut compter sur lui.

Il est aussi là pour faire face aux problèmes. Il sait plus particulièrement se montrer présent et à la hauteur quand un de ses amis ou quelqu'un de sa famille ne va pas bien. Il écoute, comprend et n'hésite pas à donner, sans limite, de sa personne.

C'est important pour lui que les gens qu'il aime se sentent bien et il s'agit d'un rôle dans lequel il se reconnaît et qu'il a l'air de bien connaître.

Il n'a pas encore d'idée précise quant à la profession qu'il exercera mais probablement il sera dans les ressources humaines : *« J'aime les humains. J'ai compris qu'il fallait construire de l'humain. C'est important »*, nous dit-il à plusieurs reprises.

1 /2 *Monsieur Plus*

Hugo parle beaucoup et il s'empare d'emblée de l'espace de parole qui lui a été proposé. Face à nous, il est plutôt sur la défensive et nous parle d'emblée des récents événements où il a su mettre le point sur la table. D'ailleurs, il ne fera pas d'histoire aujourd'hui mais il n'a pas oublié *« le regard de travers »* que lui a lancé une des secrétaires du service la semaine dernière…

Il est « *impulsif* » mais il l'était encore plus quand il était au lycée. Avant cet incident avec le cycliste, cela faisait plus de deux ans qu'il ne s'était pas emporté face à un inconnu qui l'aurait « provoqué ».

Depuis le lycée, il a fait du chemin et poursuit ses efforts. Une première démarche par le biais d'une psychanalyse débutée à l'âge de 17 ans et interrompue au bout d'une année parce qu'il en avait marre de *« parler tout seul »*. C'est lui qui a finalement du

« *prendre les choses en main* » et si ça va mieux, s'il ne se bat plus, c'est parce qu'il sait prendre sur lui. A part ça, il n'a pas grand chose à dire de cette aventure…

Alors qu'est-ce qu'il attend de nous ? Qu'est-ce qu'il attend de ce travail déjà amorcé et dans lequel il paraît impliqué ?

Aujourd'hui, « *ça recommence* ». Il se sent de nouveau « sous tension » et il n'est pas très sûr de pouvoir garder le contrôle. S'il passe à l'acte, il risque de perdre l'amour de ceux qu'il aime… et ce scénario là, Hugo n'en veut pas.

Mais quelle est son attente à lui ? Est-ce qu'il a vraiment envie de ne plus passer à l'acte ? Après tout, qu'est-ce qu'il y trouverait lui ? Est-ce qu'il gagnerait au change ?

Hugo réfléchit beaucoup, il aime analyser les autres et lui-même. Peut-être, il s'agit pour lui de commencer un travail où ensemble on chercherait à comprendre ce qui le pousse à agir ? Ce qui le menace ?

Mais le jeune homme continue à parler tout seul. Pour cette séance et pour celles d'après, il mobilise la parole, veut contrôler et analyse sans arrêt.

Aujourd'hui, nous explique t-il en sortant de sa poche un schéma détaillé, *« j'en suis là »*. Il vient de parcourir tout un chemin mais il n'est pas encore arrivé là où *il doit être*. Là où *déjà* il devrait être…
Je comprends qu'aujourd'hui il se sent bloqué, en panne dans un chemin de vie déjà tracé mais tout le reste m'échappe… Son analyse comme les nombreuses explications qui accompagnent son dessin ne me sont pas non plus d'une grande utilité…
Un peu culpabilisée de ne rien comprendre, je l'interromps et lui demande de préciser un peu les choses. Mais à la question de savoir où il « *devrait* » être, Hugo esquive. Il est déjà parti sur autre chose… Me voilà perdue dans mes associations et submergée par le nombre impressionnant d'idées qu'il expose par minute : Il y a là où il devrait

être… mais aussi Charlotte, son ex-copine qui le trouvait *« trop calme et trop compréhensif »*, la perte de son grand-père maternel qui a été pour lui *« fondamentale… De ça, il faudra en reparler »*… Son analyste qui ne lui parlait pas et qui lui a dit qu'il était « *incurable* » et puis ce mec quand il était plus jeune qui a essayé de l'étrangler et qu'il a « *défoncé* »… Lui, il l'avait bien mérité… Et plus important que tout, il y a les « *gens qu'il aime* » qui sont tout pour lui et à qui il ne veut pas faire de mal.

Tout s'enchaîne et on comprend que pour lui tout est important. Des événements de sa vie juxtaposés et présentés sans fil conducteur. L'émotion est présente mais diffuse ; pas de colère franche, ni de larmes de tristesse et si peu d'auto dérision… Hugo donne l'impression d'être « à vif », comme débordé. En nous racontant ces quelques scènes de sa vie, il les revît comme si c'était hier. Sans distance. Des affaires non classées qui ont du mal à s'inscrire en lui pour être digérées et reléguées au rang du souvenir.

Trop d'idées, trop de mots... Trop, c'est trop ! Et lorsque le jeune homme cherche à nous exposer une nouvelle analyse de sa situation, Julien et moi ne lui cachons pas notre amusement *« Oui,* dit-il en souriant, *on m'appelle Monsieur Plus…! »*.

I /3 Du trop plein au *manque dans l'être*

Dès les premiers temps de la rencontre, Hugo se montre dans une certaine ambivalence et nous apparaissons alternativement comme ceux dont il faut potentiellement se méfier et ceux à conquérir.

Un espace qu'il remplit à l'excès de ses paroles, de sa présence et où nous n'avons que très peu de place.

Ou à prendre cette place de réceptacle et de « spectateur » qu'il nous colle. Est-ce qu'il veut, en nous montrant son schéma, nous dire comment nous devons faire ? Ou bien nous met-il en position de témoin et d'observateur de son évolution ?

Il paraît impliqué, donne « tout » et rapidement, j'ai eu le sentiment que nous faisions partis de son « clan ». Hugo le montre par son investissement, il vient à chaque séance avec sourire et enthousiasme et nous dit qu'il est content, que « *ça lui convient* ».

Il donne beaucoup, semble en confiance mais *il ne se laisse pas saisir.*

Il parle de certains événements forts de sa vie sans que jamais on puisse « faire arrêt » sur ce qu'il nous raconte. Tout glisse dans des mouvements de *va et vient* où il s'avance vers nous, nous donne *quelque chose* de lui et puis le reprend, en en parlant plus ou en changeant de sujet quand on cherche à creuser un peu. Des *va et vient* où il donne tout et rien à la fois et où finalement, nous avons du mal à le saisir et à l'approcher.

« *La perte de mon grand–père*, nous dit-il à plusieurs reprises, *ça a été fondamentale... c'est aussi ça qui a fait ce que je suis devenu aujourd'hui* ».

Hugo nous parle très souvent de cet événement crucial de sa vie mais sans jamais en faire quelque chose. A chaque fois, il se dégage en nous disant qu'« *il faudra en reparler* », que « *c'est important* » alors même qu'il n'en a jamais vraiment dit plus. Il n'a jamais pu évoquer un souvenir précis avec lui, un moment partagé ensemble. Nous n'apprenons rien non plus sur leurs liens ; est-ce qu'ils étaient complices ? Qu'est-ce qui les rapprochaient ?

Et pour cause. Nous découvrons plus tard qu'Hugo n'avait que deux ans quand son grand père maternel est décédé...

Alors sur quoi fonde t-il l'aspect « fondamental » pour lui de cette perte ? En quoi est-ce qu'il peut dire qu'elle a été constitutive de son identité ?

Et sans transition, il associe avec une de ses précédentes ruptures amoureuses : « *Je ne comprends rien aux femmes... Quand Charlotte m'a planté, elle m'a dit qu'elle me trouvait trop calme et trop compréhensif...* ».

Lui et Charlotte sont restés ensemble deux mois l'été dernier. Comme lui, souligne t-il, c'est une fille qui « *a des problèmes* » mais à part ça et les explications douloureuses qu'elle lui donne en guise de rupture, il n'a pas grand chose à dire de cette courte idylle.

Alors pourquoi plusieurs mois après les faits nous en parle t-il ?

Je n'arrive pas à savoir quelle place elle a eu pour lui et si déjà il a été amoureux d'elle... Est-ce qu'à travers sa colère et son débordement, il cherche à masquer sa souffrance de l'avoir perdue ? Est-ce qu'aujourd'hui, il éprouve encore de l'amour pour elle ?

Pour nous en parler, c'est que très certainement cette histoire a compté pour lui, mais de quelles manières ? Après tout, ça aurait pu être qu'une *amourette* de vacance, ils ne s'étaient rien promis, ils n'ont rien construit et ils n'ont pas vraiment eu le temps de partager, ni de se découvrir l'un et l'autre, ni l'un avec l'autre. Hugo paraît blessé et dans cette histoire, quelque chose n'est pas passé... Mais ici encore les choses restent *en suspens* et nous n'aurons pas le fin mot de l'histoire.

Hugo est difficile à suivre et les séances sont pour moi très souvent éprouvantes. Dans l'après-coup, au moment de m'atteler à la prise de notes, c'est *le vide*.

Le vide comme envers d'un trop-plein ; qu'est-ce que le jeune homme a mis en avant aujourd'hui ? Sur quoi s'est-il arrêté ? A quel moment a t-il été en difficulté ? Par rapport à quoi ? De quoi a t-il parlé au juste ??

Il nous noie dans un discours éclaté et intellectualisé. Trop d'idées que je n'arrive pas à organiser, à trier et qui comme lui viennent me déborder.

Je peux être séduite par ses capacités d'orateur, par sa finesse et à d'autres moments, je m'éprouve figée comme dans une sorte de « paralysie psychique ». Une réaction défensive de ma part où il s'agit de ne pas être prise dans son fonctionnement ou de ne pas être trop envahie par ce qui est *son* débordement.

J'ai du mal à faire *un pas de côté*, à me distancier et voir par exemple qu'il n'y a rien dans son discours qui vient « faire limite »… Peu d'hésitations, aucun silence… et aucun temps de « flottement » comme moment à lui où il serait surpris par une émotion, par un souvenir…
Me *décoller* de lui et de son discours pour voir aussi qu'à travers ses récits sans fin, **il ne dit jamais vraiment ce qu'il ressent**.

Des événements de sa vie en lien avec la perte et une attitude ambivalente envers nous caractérisée par des mouvements d'ouverture et de fermeture qui reliés pourraient bien révéler la fragilité de son moi comme son « *manque dans l'être* ».

Plusieurs mois se sont écoulés depuis que la jeune femme a mis un terme à leur courte histoire mais Hugo revît cette rupture comme si c'était hier. Il ne s'est pas distancié et reste *suspendu* à cet événement comme il reste *suspendu* aux conséquences sur lui du décès de son grand-père maternel.
Alors qu'est-ce qui vient se jouer là ? Qu'est-ce qu'il s'agit d'entendre de sa souffrance et comment le soutenir pour lui permettre de dépasser tout ça ?

En lieu et place de sentiments et de mots traduisant sa tristesse, on le trouve ici « débordé » sur fond de colère et d'incompréhension. Nous sommes aussi confrontés à ses nombreuses analyses qui apparaissent comme autant de défenses pour contrecarrer son « trop plein » interne. Il se perd aussi dans des discours sans fin qui, en engendrant en moi de la confusion, vise aussi à tenir l'autre à distance.

Est-ce qu'il a déjà « lâché prise » ? Est-ce qu'il dispose de cette capacité à désinvestir pour un temps le monde extérieur pour commencer en soi un travail de deuil ?

Concernant plus particulièrement sa rupture avec Charlotte, je pense qu'il ne s'est jamais vraiment effondré alors même qu'il a été et reste profondément blessé. Cette histoire n'est pas reléguée au rang du souvenir et elle n'appartient toujours pas à ses expériences passées.

En nous en parlant, c'est comme s'il s'agissait pour nous de recevoir ces événements et d'en faire quelque chose là où en lui ils sont restés *en suspens*. Lui renvoyer quelque chose de *sa situation* là où pour lui rien n'est advenu.

Mais comment intervenir, comment le saisir dans ces moments où il tente de se livrer alors même que dans la seconde d'après, il aborde un autre sujet ?

I /4 Clivage du moi et mise en suspens de soi

Hugo est dans le « tout ou rien » et dans son rapport à l'autre, il oscille entre des mouvements de va et vient, d'ouverture et de fermeture, qui pourraient bien venir faire écho à des **oscillations d'une forme d'être à une autre à l'intérieur de lui-même**.

Il se livre à travers des discours intellectualisés où transparaissent ses nombreuses analyses sur lui et sa situation, sur lui et les « *gens qu'il aime* » et sur lui et « *les autres* ». Il est à la fois branché sur des événements passés qu'il cherche à s'approprier et projeté dans un avenir qui apparaît dans ses propos comme meilleur voire idéalisé, « *là où déjà il devrait être* ».

Dans le présent de la rencontre, il *glisse* et se raccroche à des descriptions des scènes de sa vie où il apparaît alternativement comme celui qui aime et protège et comme celui qui déteste, rejette et détruit.

Deux manières d'être qui co-existent en lui sur fond de sa perception clivée du monde qui l'entoure.

- **une perception clivée du monde**

Dans sa manière clivée de percevoir ceux qui l'entourent, il y a tout d'abord « *les siens* ». Son clan composé de gens qu'il aime, pour qui il est prêt à tout donner et pour qui *il se contient*. Des gens qu'il a préalablement *analysé*, qu'il connaît bien et qu'il ne veut pas décevoir. Il s'agit des membres de sa famille proche et de quelques amis à la fac.

Et puis il y a « *les autres* ». Ceux qui dans le métro lui marchent sur les pieds, le bousculent et viennent s'asseoir à côté de lui « *exprès pour l'emmerder* ». Ou encore ces étudiants qu'il ne connaît pas mais qui en le croisant sur le campus le « *dévisagent* ».

Face aux siens, il s'inscrit dans cet élan de générosité et d'empathie. Hugo décrit un *amour sans limite* et franchement dénué de toute ambivalence. Il a un rôle de pilier et il s'agit d'un milieu protecteur et à protéger.
Face aux autres, à la masse indifférenciée d'individus qu'il ressent comme hostile, il est méfiant et en danger. Aussi, lorsque la haine qu'il ressent le déborde, il peut aller jusqu'à détruire.

Au sein de l'hôpital, on retrouve ce même clivage. Il y a son espace de parole et ses thérapeutes et puis les secrétaires qui à l'extérieur du bureau le regardent de travers... et le persécute.

- **expression du faux self**

On découvre donc une manière d'être et d'éprouver qui oscille au grès des gens avec qui il se trouve. Cette manière d'interagir avec deux entités opposées et extérieures à lui, vient signer un certain clivage à l'intérieur de son moi.

Hugo passe sans arrêt d'une manière d'être à une autre, de celui qui est aimant et bienveillant à celui qui rejette et détruit et c'est l'environnement dans lequel il se trouve qui vient paramétrer son comportement. Il n'apparaît pas dans une manière d'être unifiée et continue en étant sujet comme acteur de sa vie où par moments, c'est aussi lui qui pourrait *donner le ton.*

Face au sentiment de haine qu'il ressent pour l'extérieur, il réagit *en frappant* ceux qui par leurs regards le persécutent. Le jeune homme « explose » ou il est dans l'évitement en portant des lunettes noires dans le métro par exemple.
Pour *ceux qu'il aime,* il est contenant et cherche à leur faire plaisir.

Dans les faits, ce qui apparaît la plupart du temps, c'est qu'il est *en suspens.* Il n'existe pas toujours et s'accorde avant tout aux désirs de l'autre pour le faire exister.

Dans son histoire avec Charlotte, qui le trouvait *trop calme et trop compréhensif* c'est comme si du début jusqu'à la fin, il avait été transparent. Comme suspendu au désir de la jeune femme, perdu dans ses analyses interminables en vue de s'ajuster à ses attentes, de la séduire et de ne pas être rejeté.

Dans cette histoire, je n'arrive pas à *le situer* ; à savoir quelle place elle a eu pour lui, ni même s'il a déjà été amoureux d'elle. Je ne parviens pas non plus à saisir ce qui par exemple lui a plu en elle et s'il aurait aimé la garder.

Derrière son sentiment d'injustice et sa colère, on devine la profonde atteinte narcissique. Pour elle, il a tout donné sans se demander quel était son désir à lui et sans réussir à se laisser aller.

Dans cette histoire, il n'a pas su exister, il n'a pas non plus su créer et la surprendre ce que précisément elle semble lui avoir reproché.

« *Avant,* nous dit-il, *je n'aimais pas les gens. Aujourd'hui, j'aime les humains. J'ai compris qu'il fallait construire de l'humain. C'est important* ». Et le jeune homme prend à cœur son rôle de *Monsieur Plus*. Il est celui qui fait rire mais aussi qui analyse, comprend permettant ainsi à chacun de se sentir bien et vivant.

Hugo aide les siens à *se construire* mais sait aussi poser le cadre et les limites pour que chacun puisse se sentir exister en toute tranquillité.

Nous découvrons une nouvelle facette de lui à travers son rôle de « justicier ».

Depuis longtemps, Hugo est allergique à l'injustice.

Il ne supporte pas les gens qui ne respectent pas les limites. Comme ces jeunes gens qu'il a vu cracher par la fenêtre d'un immeuble où il a pensé les rejoindre pour mettre les choses au point.

Pour le jeune homme, c'est du sérieux et tout ça est « *grave* ».

Lorsque je lui dis qu'il a sûrement rencontré des jeunes qui défient les interdits, il s'énerve : « *Mais si personne vient mettre les limites... alors on laisse tout faire ?* ».

Il ne supporte pas ce qu'il considère comme « *des manques de respect* » et comme avec le cycliste, il faut parfois poser les « limites ».

Il s'est investi d'une mission d'ordre et de justice et il en va de son honneur comme de sa virilité.

Cette fonction de justicier et de modérateur, Hugo en use auprès des siens comme auprès des autres et il pourrait s'agir pour lui de faire le lien entre ces deux mondes clivés.

Un rôle où il est à la fois acteur et actif et qu'il cherche à faire reconnaître.

Une fonction enfin qui cadre avec son désir de faire respecter et de protéger où il existe au dedans comme au dehors dans une certaine continuité d'être.

- **expression de la mise en suspens de soi**

C'est bien dans la confrontation avec ses pairs comme dans la rencontre amoureuse que pour Hugo les problèmes commencent.

C'est au cours de ses premières expériences de jeune adulte où il a à exister pour et par lui-même qu'il fait l'épreuve des limites de son fonctionnement d'emprunt comme de *la mise en suspens de soi.*

Lorsque juste avant les vacances de Noël, il se rend à cette soirée étudiante avec Camille, sa toute nouvelle petite amie, il est enthousiaste. C'est une soirée qu'il a longuement préparé avec les membres du bureau des étudiants et chaque détail a été pensé pour que lui et le reste de sa promo passe un bon moment.
Ce soir, Hugo fait le service au bar. Il est aussi chargé de surveiller qu'à l'entrée comme sur l'espace de danse, tout se passe bien. Et tout se passe effectivement bien.
Excepté du côté de Camille...
La jeune femme a décidé de profiter de sa soirée et en dansant avec d'autres étudiants, elle a l'air de plutôt bien s'amuser sans lui...

En arrivant à sa séance le lendemain, Hugo est décomposé. Par rapport à cette soirée qu'il nous raconte en détail, on le sent honteux et son honneur comme sa virilité en ont vraisemblablement pris un coup. De colère et de rage, il se voyait déjà en train « *d'exploser la tête de ces mecs* » là où au final, il ne s'est rien passé.

Est-ce qu'il aurait du céder à ses impulsions comme occasion de prouver à l'ensemble de la fac sa puissance et sa virilité ? Est-ce qu'il aurait du passer à l'acte et prendre le risque de montrer aux autres et à Camille combien il était blessé ?
Hugo n'a rien fait et il n'a rien dit non plus à Camille de ce qu'il a ressenti. Il a finalement passé le reste de la soirée à ruminer en contractant le plus fort possible chacun de ses doigts de pieds…
Il a aussi continué à servir les uns et les autres, à les amuser et à faire *comme si*.

Le jeune homme n'est pas certain d'avoir réagi comme il aurait du et il reste à la fois *suspendu* et débordé par ce qui apparaît comme une profonde blessure narcissique.
En séance, il s'agit d'approuver son recours au contrôle mais aussi de reconnaître ce qu'il ressent et de l'y conforter. Je lui dis que sa réaction est légitime et qu'on peut parfaitement comprendre qu'il soit vexé en voyant sa petite amie danser avec d'autres. Nous lui disons aussi qu'il ne peut pas laisser les choses en l'état et qu'une manière dans ce cas précis de désamorcer sa crise interne et de se remettre au cœur de l'action serait d'en discuter avec elle en lui parlant de ce qu'il a ressenti.

Ce que nous montre cet exemple, c'est que par moments **il ne sait plus ce qu'il doit faire**. Dans ces moments où il n'est plus parfaitement dans la haine ni parfaitement dans l'amour, où il n'est plus dans ce milieu protecteur mais sans être non plus dans un milieu complètement hostile, il ne sait plus comment faire ni comment être.
Il apparaît à la fois comme *suspendu* et débordé par un trop-plein d'émotions et de pensées contradictoires qui tous azimuts l'envahissent. En lieu et place d'une attitude adaptée à ses désirs et à ses émotions du moment, Hugo est *figé* et se confronte à plusieurs options : soit il « explose » et décharge sa tension dans les passages à l'acte,

soit il rumine et tente désespérément de rationaliser la situation, soit il se replie sur lui et se laisse embarquer par son imagination.

Au fur et à mesure des rencontres, Hugo commence du bout des lèvres à se plaindre qu'il n'y a *pas de place **pour lui***. Pas de place pour lui ou à prendre cette place de justicier, de *Monsieur Plus* qui met de l'ordre et règle les conflits.

Mais comment faire quand on n'a pas besoin de ses services ?

Pendant les réunions de famille par exemple, il se sent « à part ». Il est en retrait, sans savoir comment être ni quelle place occuper. Quand on n'a pas besoin de lui, quand il n'y à rien à « analyser », aucun problème à régler… il est *en suspens*. A table, on parle de tout et de rien, du temps, des vacances à venir… et rien à se mettre sous la dent…

Alors comment interagir avec les autres lorsqu'ils existent indépendamment de lui ?

Il pourrait s'agir d'être là ensemble rien que pour le plaisir d'être avec ceux qui comptent pour soi. Discuter de tout et de rien, des choses futiles, ou tout simplement rester silencieux et apprécier la présence des siens. Parfois, on n'a rien à dire. Parfois, on n'a pas envie de parler.

Mais pour Hugo, c'est douloureux et la situation commence à poser sérieusement problème. Dans ces circonstances, il n'existe pas. Il n'existe plus.
Ce n'est pas juste et c'est insupportable.

Et puis lui aussi parfois il sent qu'il ne va pas bien. Il aimerait aussi que l'on s'occupe de lui, qu'on fasse pour lui autant que ce qu'il fait : « *Je suis là pour les autres mais ils ne sont pas là pour moi* » souligne t-il.

Est-ce qu'il leur dit ? Est-ce qu'il partage sa tristesse ?... Est-ce qu'il sait se laisser-aller et s'en remettre à d'autres ?

Le jeune homme pourrait bien faire l'épreuve de cette mise en suspens de soi mais aussi des limites de son fonctionnement défensif en faux self.

La mise en suspens de soi pourrait correspondre à l'impossibilité d'élaborer ses propres désirs comme ses émotions et de les assumer. Une mise en suspens dont il fait la douloureuse épreuve et contre laquelle il lutte en se faisant exister sans relâche dans son rôle de justicier, de jeune homme compréhensif et brillant mais aussi en se montrant intouchable et tout puissant. Avec les personnes investies, il s'agit avant tout de faire en fonction de l'autre. Il n'a pas cette souplesse pour *se décentrer* et se trouve franchement en difficulté pour créer dans la spontanéité de l'échange.

En séance, il parle beaucoup, se questionne, analyse tout le temps et on le sent dans une profonde quête de lui-même. Il prend toute la place et remplit tout l'espace comme s'il s'agissait avant tout d'exister et d'être reconnu. Parler tout le temps, avec ou sans nous, comme une tentative pour se rencontrer mais aussi pour contrecarrer ce qui pourrait lui apparaître comme *un vide en soi*.

A travers ses longs récits, il y a cette urgence à comprendre et à se découvrir et peu de place pour la souplesse et la légèreté. Il n'y a pas non plus de place accordée au hasard, à l'incertitude comme au compromis et Hugo cherche à tout contrôler. Pour lui, la vie est un combat : « *je suis sur un ring* » répète t-il très souvent.

Et à part ça, comment est-il dans la vie ? Qu'est-ce qui l'intéresse ? Le passionne ? A t-il des projets ?

Il y a cette urgence à se faire exister et chaque nouvelle expérience de la vie apparaît comme un défi à relever. Il donne sans demi-mesure et sans limite comme s'il jouait toute sa vie. Comme si dans toute situation, il y avait un enjeu existentiel.

S'il ne lutte pas pour être tout le temps « au top », pour être tout le temps dans le « tout », c'est comme s'il courrait le risque de ne plus exister. Dans son esprit, ce pourrait être : *J'existe à mes yeux et aux yeux des autres dans « le tout » ou je n'existe pas.*

I /5 A propos de l'histoire familiale

Dans l'histoire personnelle du jeune homme, on découvre un environnement familial suffisamment défaillant dont on peut penser qu'il ne lui a pas permis de se risquer à être à lui-même.

Dans son « commerce » avec ses parents tout d'abord.

Avec sa mère, Hugo apparaît dans un lien fusionnel où alternent des élans de tendresse et de rejet. Ce lien ne garantit pas toujours de la place pour deux et pour Hugo, il est inhibant.

Au quotidien, les moments difficiles de sa vie comme ses angoisses actuelles, c'est avec son fils que la mère du jeune homme les partage. Les soirées de détente face aux séries télévisées, c'est ensemble qu'ils les passent. Et les moments de complicité et de partage c'est toujours tous les deux qu'ils les vivent.

De même lorsqu'Hugo parle des histoires familiales, il paraît sans cesse pris dans des préoccupations qui ne sont pas celles d'un jeune homme de son âge : « *La mort d'un enfant, c'est pire que tout. Pas la mort d'un ami, ni celle d'un mari mais la mort d'un fils* ».

La mère du jeune homme est aussi beaucoup dans l'analyse des choses, « *dans la psychologie des gens* ». Hugo ne prend pas toujours le recul suffisant et cela peut venir court-circuiter sa propre élaboration psychique et subjective. Tous les deux, ils savent quoi penser de l'oncle Untel ou de sa femme… et pour lui, il s'agit avant tout de ne pas être *comme ci*, de ne pas être *comme ça*.

Dans l'histoire personnelle de chacun des parents, on trouve des parcours de vie difficiles et des fragilités.

A 20 ans, la mère d'Hugo a subi un viol. Plusieurs années après, elle en garde évidemment des traces à commencer par sa méfiance vis-à-vis du monde extérieur et plus particulièrement des hommes. Elle avait confié son douloureux secret à sa petite famille et vient tout juste de le révéler à son fils.

Lorsque Hugo nous rapporte cette nouvelle en séance, il est à la fois très ému et débordé. Il réagit en éprouvant de la haine et de cette blessure maternelle, il se donne la charge de « réparer ». En devenant celui qui à l'extérieur doit faire régner l'ordre et la justice mais aussi en cherchant à être « *doux et attentionné* » envers les femmes comme sa mère le lui a demandé.

Sa mère souffre aussi d'une maladie rare depuis qu'Hugo est tout petit. Dans les moments difficiles, il est toujours resté à ses côtés.

A propos de « *ce qu'il n'aurait jamais du voir* », des scènes où sa mère affaiblie et alitée recevait des soins, il évoque un « trop plein ». Des images qui l'ont débordé, qui pourraient bien avoir fait effraction en le confrontant à une réalité qui n'était pas la sienne. Des émotions intenses qu'il n'a pas pu comprendre ni réguler en les mettant en mots par exemple.

Le père du jeune homme se décrit comme angoissé. Il était lui aussi agressif et impulsif quand il était jeune et comme son fils, il a été plusieurs fois amené *à se faire justice*. Aujourd'hui encore, son père nous explique qu'il souffre du contact avec les autres et qu'il a du se battre pour répondre aux diverses exigences sociales et professionnelles. « *Voilà le résultat de mes angoisses !* » nous dit-il en nous montrant son ventre rebondi. Depuis bien longtemps, il a arrêté de se bagarrer mais c'est dans la nourriture qu'il a trouvé à se réfugier.

Vis-à-vis de son fils, contrairement à sa femme, il n'est pas trop inquiet. Pour lui, Hugo est parfaitement *adapté*, il a toujours eu de bons résultats scolaires et quand il vient travailler l'été dans l'entreprise de son père, il fait l'unanimité… Depuis longtemps, il a décidé de lui faire confiance et de le « *laisser gérer* ».

De manière générale, on découvre un milieu familial confiné, replié sur lui-même où l'extérieur peut être hostile et à l'origine de profondes blessures de chacun des deux parents. J'imagine aussi des parents encore fortement marqués et fragilisés par des histoires difficiles qu'ils n'ont pas réussi à maintenir dans l'espace limité et intime de leur couple.

Un milieu où il est perméable aux angoisses des uns et des autres, qu'il doit « absorber » et où il s'agit aussi de comprendre et de protéger.

Un milieu donc où il n'est pas attendu et reconnu pour ce qu'il est et où il existe à travers ces rôles de soutien et de pilier.

On peut faire l'hypothèse que face aux fragilités parentales, il a été préférable pour le petit garçon qu'il était de se mettre en suspens ; de ne pas « en rajouter » et de s'adapter au mieux à ce qui ferait plaisir et du bien à chacun d'eux. Pour Hugo, il a certainement été question de mettre entre parenthèse ses émotions comme ses propres besoins et de « tenir le coup » pour lui comme pour eux.

Un environnement enfin où il n'a pas eu la possibilité de se risquer à être lui-même comme empêché dans l'avènement de soi et il pourrait bien souffrir aujourd'hui des difficultés importantes pour être et pour devenir lui-même.

Il y a les histoires particulières de chacun des parents mais aussi de leur couple. Dans les propos du jeune homme, le couple que forme ses parents ne lui paraît pas solide ni très fiable. Il n'est pas sûr qu'ils s'entendent très bien et ne sent pas un lien sécure où on sentirait partage et complicité.

Dans ses analyses, il réalise qu'à travers ses nombreuses crises de colères, il cherche aussi à attirer l'attention sur lui. Il est donc question de panser les plaies des uns et des autres mais aussi de *porter à bout de bras* le couple parental qui de lui-même, *ne tiendrait pas.*

Des parents qui paraissent attachés l'un à l'autre, unis par la famille qu'ensemble ils ont fondée mais le couple qu'il forme m'apparaît à moi aussi comme fragile et déséquilibré. Dans notre seule et unique entrevue, je me suis demandée quelle crédibilité et quelle confiance la mère d'Hugo accorde à son époux.

Lors de cette rencontre, Hugo et sa mère apparaissent tous les deux seuls sur scène. Ils discutent, se disputent et restent suspendus chacun aux mouvements comme à la moindre intervention de l'autre. Ils sont *collés* l'un à l'autre et dans l'intensité de leurs échanges, j'ai plusieurs fois eu le sentiment que le père d'Hugo comme Julien et moi, nous n'existions plus.

Un amour qui sous tend quelque chose de fusionnel où *chacun est tout pour l'autre* : « *Quand ma mère ne va pas bien, je ne vais pas bien* » et pour elle : « *J'adore mon fils, il est tout pour moi et il sait bien que je ferai n'importe quoi pour lui* ».

Dans le même temps, comme lors de cette rencontre, on trouve des mouvements violents de rejet et d'opposition où Hugo tente d'exister face à elle.
Il répond aux « attaques » maternelles, ne se démonte pas et nourrit aussi « la confrontation » en venant sans cesse la provoquer. Il tente dans une certaine violence d'*exister face à elle* sans parvenir *à être avec elle*.

Dans le duo mère/fils, il n'y a pas toujours de la place pour deux et encore moins pour trois. Le père d'Hugo assiste impuissant aux confrontations de sa femme et de son fils. A aucun moment, il vient prendre sa place au cœur de l'échange et il n'est pas non plus introduit par sa femme comme tiers modérateur.

Au sein de la cellule familiale, Hugo n'apparaît pas à sa place.
De son point de vue, son père est quelqu'un de « *cool* ». Il n'est pas exigent et face à lui, Hugo ne fait pas ce douloureux constat comme avec sa mère de *devoir en faire*

toujours plus. Avec lui, il n'est pas dans cette quête interminable de satisfaction de l'autre qui au final n'est jamais vraiment rassasié...

Hugo non plus ne semble pas accorder une grande crédibilité à son père et comme modèle de puissance et d'autorité, il s'appuie sur des images embellies de son grand-père. Les mêmes que sa mère a développé vis-à-vis de son père.

Aux yeux du jeune homme, son grand père est quelqu'un de puissant, d'intouchable et de profondément respectable. Comme lui, Hugo fait de la musculation et comme lui, il cherche à être tout puissant.

Dans la réalité, on peut penser que le jeune homme n'a pas vraiment eu la possibilité de se confronter au Père ; à celui qui pose les limites, à celui qui dit *non* à la quête de pouvoir de son enfant, à celui enfin qui prend sa place auprès de sa femme.

Au sein du foyer familial, il n'a pas toujours sa place de fils et fait souvent fonction *d'homme de la maison.*

De même, pour développer ses repères de masculinité et de virilité, il s'identifie à une représentation fantasmatique et idéalisée de son grand-père à l'origine chez lui d'une tendance prégnante à l'idéalisation de l'autre comme de soi-même.

Et comment prendre sa place face aux autres lorsqu'elle n'a pas été clairement définie au départ ?

Aujourd'hui, Hugo paraît tiraillé à l'intérieur de lui entre l'expression admise et validée par les siens de *son faux soi* et l'expression de son intimité, de ce qu'au fond de lui, il désire.

Aurélie et Hugo sont ensemble depuis quelques mois.
Même si cette histoire s'avère par bien des côtés angoissante pour lui, Hugo s'investit, se laisse porter et il se risque. Il y a la peur de s'accrocher de plus en plus fort à elle mais dans cette rencontre, c'est comme si son désir d'exister pour soi et de vivre quelque chose avec elle avait pris le dessus.

> *Ensemble, il s'agit d'aller plus loin et de construire leur histoire. Ils partent souvent en week-end tous les deux et parmi les projets à venir, ils évoquent la possibilité de partager leurs quotidiens.*

Pour Hugo, c'est une histoire importante et la jeune femme compte déjà beaucoup pour lui. Dans cette rencontre, il paraît impliqué et il réfléchit sérieusement et avec plaisir à cette possibilité de s'engager encore davantage avec elle en vivant notamment ensemble.

Si « *les choses ne sont pas si simples* », c'est peut être parce qu'aujourd'hui, il semble déchiré entre son désir de partir vivre avec Aurélie et sa culpabilité inhérente au risque qu'il pense faire courir au couple (il pense là à sa dissolution) s'il quitte le milieu familial.

II Entre défense et enjeu pour exister :
place des passages à l'acte

II /1 Atteintes narcissiques

Les passages à l'acte à répétition qui dans les premiers temps ont amené Hugo à consulter peuvent s'entendre comme une défense mise en place par le moi pour faire face au trop plein d'excitations qu'il ne peut pas réguler.

Cette perspective rend compte de la défaillance de son système de pare excitation comme de l'absence d'un système efficace de régulation narcissique.

On peut parler ici de *processus auto calmants* révélant ses fragilités narcissiques. Plus précisément, il est question dans le recours au corps et à l'agir de décharger la tension psychique là où Hugo n'est pas en mesure d'élaborer ses conflits psychiques.

Aujourd'hui, le jeune homme a développé d'autres modalités défensives et on ne peut plus dire de lui qu'il est impulsif et bagarreur. Il reste sous tension en particulier dans la confrontation au monde extérieur mais a de moins en moins recours à la décharge motrice et destructrice de l'autre.

Lorsqu'il croise des « *regards bizarres* » qui le mettent sous tension, il prend sur lui et parvient de mieux en mieux en séance à mettre en mots ce qu'il ressent.

Face à celui qui l'« *agresse* », il s'assouplit et cherche aussi davantage à discuter.

« *Récemment, dans le métro j'avais envie de dégager un mec qui de bon matin est venu se coller à moi. J'ai eu l'impression qu'il le faisait exprès pour me faire chier* ».

Hugo s'est montré irrité mais est parvenu à réguler seul son sentiment de persécution.

Il a fini par s'excuser auprès de cet autre passager en reconnaissant à l'intérieur de lui-même l'aspect excessif et décalé de sa réaction. Une expérience positive où il a su construire au lieu de détruire.

Hugo est dans l'analyse de l'autre et a besoin de savoir à qui il a affaire avant de pouvoir interagir avec lui. Aussi, face à ce qu'il perçoit hyper sensiblement comme une masse d'individus indifférenciés et faisant bloc, on peut penser que ses fragiles repères internes se dissolvent. Autrement dit, Hugo pourrait trouver ses repères internes et plus précisément identificatoires dans le lien exclusif à un autre mais lorsqu'il est face à des sujets en masse et/ou indéterminés, il ne peut plus se soutenir.

Face à cette masse, il ne peut plus se situer et semble exposé au danger pour lui-même de la *désintégration du moi*[4] dont parle Green à propos du moi fragile des sujets dits limites. Aussi sa haine pour l'extérieur pourrait être sous tendue par la menace que représente en terme d'atteinte pour son moi sa confrontation avec le monde extérieur.

Face aux atteintes faites à son moi, le jeune homme parle et relativise : *« je suis parano ! »*. Il est de moins en moins dans le pulsionnel et dans l'agir mais à l'intérieur de lui-même sa tension psychique reste encore très importante. Un trop plein qu'il régule aussi par le biais de son imaginaire.

Aussi, lorsqu'il se contient mais que la tension est trop forte, c'est le soir seul au fond de son lit qu'il imagine des scénarios de bagarre auxquels assisteraient *sa femme et leurs enfants*… Des scénarios fantasmatiques de destruction où il apparaît puissant à ses yeux comme aux yeux des siens et qu'il n'est pas certain de ne pas agir dans la réalité. Un recours à l'imaginaire qui le soulage et lui procure du plaisir.

---

[4] Green A., La folie privée. Psychanalytique des cas limites

II /2 A propos de la perte

Le fonctionnement en faux self du jeune homme vient rendre compte d'une séparation insuffisante entre lui et ses objets. Hugo ne se confond pas avec les objets mais les limites entre soi et l'autre, entre dedans et dehors ne sont pas clairement posées. De même, il ne distingue pas toujours ce qui appartient à son imaginaire de ce qui relève de la réalité.

Cela vient mettre en avant des perturbations importantes concernant les processus de séparation – individuation à la base de sa construction subjective.

Pour pouvoir *se risquer* et commencer à exister pour et par soi-même, l'enfant dans ses premiers échanges avec l'autre parental passe par ce que Winnicott nomme « *la destruction – retrouvaille de l'objet* ».
Ce qui pour l'enfant donne sa pleine réalité à l'objet, c'est de sentir qu'il peut fantasmatiquement le détruire, réellement le détester et que l'objet résiste à toutes ses attaques. L'enfant découvre alors qu'il peut aimer mais aussi être en colère, détester l'autre dans un sentiment de confiance et de sécurité quant à la résistance et à la permanence de cet objet. *L'autre est toujours là et il existe avec moi comme indépendamment de moi.*

Si l'enfant découvre un environnement défaillant, il peut alors mettre en suspens l'expression de ses besoins, de ses émotions comme de ses désirs. En s'amputant ainsi de toute une partie de son intimité, il se trouve disqualifié dans son développement subjectif et identitaire.
Il peut aussi s'agir, comme on peut le penser concernant Hugo, de soutenir l'autre voire de se fondre en lui en cherchant avant tout à le faire exister.

Pour Hugo, l'autre (maternel) est perçu comme séparé de lui mais il n'est pas complètement *perdu* en ce sens qu'il s'agit de « se tenir ensemble ». Un lien où ils existent l'un collé à l'autre et non pas *l'un à côté de l'autre.*

Dans leur *folie à deux*, la tendresse se confond avec la fusion et il n'y a pas toujours de la place pour deux.

Quand par sa trop grande proximité, elle vient faire intrusion, Hugo se sent menacé. A travers ses colères et son agressivité, il pourrait bien s'agit de l'expulser violemment loin de soi.

Aussi, face aux personnes investies, Hugo peut tout aussi bien être dans *le tout* que dans *le rien*. Etre dans le tout quand il se sent proche de quelqu'un et dans le rien face à la menace que ce quelqu'un, par sa trop grande proximité, représente pour soi. Tenir l'autre à distance là où psychiquement, il peut faire qu'*un avec soi*, là où dans le lien, il peut l'empêcher d'exister.

Une séparation insuffisante avec l'objet où quelque chose de soi est resté en suspens.

Un processus de séparation – individuation encore inachevé qui ne permet pas de développer les outils en soi pour exister pour et par soi-même face à l'objet ; pour se sentir réel et vivant comme sujet de son désir et pour sentir l'autre réel, c'est-à-dire comme un être qui désire, aime, nous est parfois étranger ou nous échappe. Pour reconnaître et sentir les limites de l'autre et être disposé dans ce lien à découvrir, à sentir et à respecter ses propres limites.

Et c'est bien dans l'expérience de la perte que pour Hugo tout le problème semble se (re ?) jouer.

Avec Charlotte par exemple, il lui a laissé le dernier mot en restant sur cette douloureuse remise en question de lui-même. Pour elle, et quelque part pour lui, il serait *trop calme et trop compréhensif…* Compréhensif, passe encore… mais trop calme ? Lui qui par ailleurs en vient facilement aux mains et se veut puissant, c'est à rien y comprendre !

A aucun moment, Hugo n'a pris ce temps pour se replier sur lui et réfléchir à sa relation comme à sa rupture avec elle ; qu'est-ce qu'il pense avoir perdu ? Qu'est-ce qu'il appréciait en elle ? Qu'est-ce qu'il a moins bien aimé ? Jusqu'au bout, il lui laisse les pleins pouvoirs, et en privilégiant le jugement de la jeune femme sur le sien, c'est encore elle qu'ici il fait exister.

En séance, nous l'incitons à se positionner tout en lui disant que Charlotte a bien le droit de penser ce qu'elle veut : Est-ce qu'il est d'accord avec elle ? Est-ce que lui aussi s'est vraiment trouvé trop effacé ?

Il n'a pas su non plus tirer profit de cette expérience en se questionnant par exemple sur ce qu'il attend de sa prochaine histoire d'amour.

Une histoire qui reste en suspens comme désarticulée d'un temps passé et d'un avenir projeté qu'il n'a pas encore reléguer au rang des expériences vécues.

De notre côté, il s'agirait de faire en sorte que la perte lui apparaisse malgré tout comme une expérience positive. Une expérience à partir de laquelle, il va pouvoir se révéler, élargir son moi et laisser place à l'expression et à la satisfaction de nouveaux désirs.

Dans son fonctionnement, on ne trouve pas un clivage interne entre une partie de son moi qui construit et une autre qui se détruit mais on découvre une partie en lui qui ne se vit pas et qu'il éprouve : « *Avant j'étais dans la survie. Aujourd'hui, je suis dans la vie* ».
Etre dans la survie comme être *sur, au dessus* voire *à côté* de sa vie. Etre observateur de soi-même et des autres et non comme acteur et auteur de sa vie. Chez Hugo, il y a

ce côté où en analysant, il s'observe. Il est comme détaché de lui, privé du contact naturel à ses émotions et à ses désirs qui, dans son rapport aux autres comme à soi-même, pourrait parfois le guider.

Hugo était dans l'agir, il reste dans l'imaginaire mais se trouve peu dans l'action. Il lui est difficile, en partant du plus profond de lui, d'attraper son désir, de l'élaborer et de le réaliser en action. Plus précisément, il ne sait pas toujours reconnaître et accepter ce qu'il ressent et dans les limites des uns et des autres, faire aboutir ce qu'il veut vraiment.

Dans le chemin qu'il parcourt vers lui-même, il pourrait s'agir d'apprendre à reconnaître et à élaborer toute cette partie de sa vie intime qu'il a du mal à s'approprier.
Il pourrait s'agir aussi d'apprendre à perdre. Savoir perdre et renoncer pour pouvoir se construire…« construire de l'humain…c'est important ».

II /3 Perte et limites

La dimension de perte occupe une place conséquente dans la réalité du jeune homme. Ce qui se dessine ici comme une problématique de fond nous renvoie du côté de sa dynamique comme de ses représentations inconscientes.

On peut penser que la représentation fantasmatique idéale qu'il a de son grand-père qu'il pose comme modèle identificatoire vient aujourd'hui montrer ses limites.
Hugo est à la fois dans une quête importante de lui-même où il s'agit de se montrer tout puissant (et d'être reconnu comme tel) mais dans le même temps, il expérimente les limites de cette prétention à une identité idéale donc impossible.

On retrouve dans sa perception clivée l'impact de sa tendance à l'idéalisation.

Hugo peut se percevoir comme tout puissant et indestructible et il s'agit de vérifier cette image idéale de soi dans la réalité mais aussi de la valider pour soi-même dans l'élaboration de ses scénarios imaginaires où il affronte des « molosses ».

A d'autres moments, ce sont les individus qu'il ne connaît pas, qu'il croise dans le métro qu'il perçoit comme tout puissants. Ils sont pour lui potentiellement menaçants et il faut les détruire.

On peut penser aussi que pour Hugo, il est question dans les passages à l'acte de valider pour soi comme pour l'autre, son image idéale c'est-à-dire que sa toute puissance soit reconnue par l'autre. C'est là que pour lui, les problèmes arrivent... et que pour nous, le travail commence !

Ensemble, il pourrait s'agir d'enclencher un travail de « dés-idéalisation » de la figure toute puissante du grand-père maternel mais aussi de réfléchir au regard de son histoire familiale sur les effets dévastateurs pour lui-même de cette place d'exception. Une place d'où il n'apprend pas à se montrer manquant ou défaillant et où il s'agit toujours de briller.

Il pourrait être question pour Hugo de *perdre quelque chose de sa toute puissance* pour commencer à éprouver le manque, pour désirer et commencer à exister pour et par lui- même. Accepter de perdre quelque chose pour pouvoir enfin prendre et tenir une place

A côtés de ses représentations idéales, le jeune homme a du mal à développer pour soi des représentations réelles et ancrées.

Lorsque Julien propose à Hugo d'imaginer ce que représente pour lui « un homme »,
Hugo mène l'enquête. A la séance d'après, il propose des représentations idéales (la
figure du Parrain, certains hommes de la Mafia) mais ne parvient pas à imaginer par

> *lui-même. Il répond à ce qui lui est demandé mais les réponses ne sont pas les siennes.*

C'est comme s'il cherchait à se défaire de ces représentations idéales écrasantes en même temps qu'il n'a pas ou peu de représentations et de modèles masculins à confronter dans la réalité. Le recours à l'idéalisation vient ici le nourrir.

- **Défier les limites**

C'est donc dans la réalité et en se mettant à l'épreuve qu'il vient lui-même chercher les limites. En se mettant principalement au défi et au cœur de l'action.

> *« L'autre jour, j'attendais le métro et mon téléphone portable est tombé sur la voie... le truc trop bête qui arrive... C'est pas que mon téléphone coûte cher, ni par peur de perdre tous mes numéros mais je ne voulais pas le laisser sur la voie et j'ai sauté pour le récupérer.*
> *Un des hommes de la RATP est venu me voir... je l'ai suivi sans broncher. Et au moment de payer l'amende, je ne l'ai pas agressé même si je sentais qu'il m'énervait... mais je lui ai fait un pied de nez en partant en courant ! ».*

Ici, il s'inscrit davantage dans une problématique oedipienne où se posent les questions de soi, de l'idéal de soi et de soi dans la réalité.

Une confrontation aussi à une problématique de castration où il s'agit à la fois de toucher les limites (les interdits, la Loi) en même temps qu'il ne les admet pas *« Avant, j'étais puissant ! »*

- **Trouver ses propres limites**

A travers ses recours au corps, il pourrait s'agir de préciser les limites du corps et par là même de préciser à l'intérieur de lui, les limites de son moi.

De ce point de vue, on peut considérer selon l'hypothèse posée qu'à travers le corps, le recours à l'agir, il s'agit d'élaborer quelque chose de lui, quelque chose qui n'est pas ou qui mal advenu. **Il pourrait s'agir à travers ses recours au corps comme à l'agir (comportements destructeurs, mise au défi…) de tenter de *se rencontrer* en faisant advenir en soi des outils pour commencer à exister pour et par soi-même.**

Ce qui préoccupe Hugo révélant son inscription dans une problématique narcissique limite, c'est *de se trouver soi-même*. Il s'agit d'exister, de se faire exister en tentant à travers ses comportements impulsifs et/ou à risque d'élaborer quelque chose de soi.

Au cœur du travail thérapeutique, l'objectif visé serait de tenir une place en partant de soi-même et en évoluant dans un cadre déterminé où les limites de soi, de l'autre (son individualité) et plus généralement de la réalité (la Loi, les interdits) soient plus franchement posées et admises.

- **Perte et dynamique inconsciente**

A côté de ses nombreux recours au corps, on peut aussi considérer que c'est à partir de l'expérience de la perte que pour Hugo, les choses peuvent bouger.

Ce pourrait être à partir de l'expérience de la perte d'un objet investi qu'il pourrait faire advenir quelque chose de lui là où les précédentes pertes n'ont rien donné (Charlotte) ou rien de « consistant » (perte du grand père et recours à l'idéalisation) pour soi-même.

Pouvoir vivre cette perte c'est à dire *s'y trouver*, en être au cœur en se positionnant, en élaborant ses émotions, ses peurs et en se questionnant. Dans un travail intime de régulation et de création et dans l'espace thérapeutique, à partir des échanges actifs et de co-élaboration. Pour pouvoir se construire en somme, il s'agirait de pouvoir à la fois perdre cette image idéale de soi qui par ailleurs le soutient et renoncer à cette place d'exception qu'il continue de chercher selon des schémas inconscients à la fois connus et familiers. Une place d'exception qui brille par la puissance qu'elle lui confère mais qui dans le même temps est associée à la peur sous-jacente d'être *tout pour l'autre et que l'autre soit aussi tout pour soi* dans une sorte d'enlacement narcissique qui empêche d'exister.

III / Espace d'une rencontre possible...avec soi

III /1 Espace thérapeutique : un espace transitionnel « au dehors »

En thérapie, Hugo oscille entre des élans d'ouverture à nous où *il se risque* en parlant de choses importantes pour lui et qui en le débordant, le mettent en péril. Et à d'autres moments, il nous referme la porte et apparaît seul sur scène.

Des mouvements de va et vient, d'ouverture et de fermeture où au final, il est difficile ***d'exister ensemble de manière continue.***

Dans son rapport à lui-même, il est soit complètement tourné vers l'autre, soit il opère un mouvement de repli narcissique dans son imaginaire.
Lorsqu'il est complètement tourné vers l'extérieur, il fusionne avec l'objet et n'existe pas pour lui-même c'est à dire en fonction de ce qu'il ressent, de ce qu'au fond de lui, il pourrait être.
Lorsqu'il se réfugie dans son imaginaire, il se fait exister à travers ses fantasmes mais il ne s'inscrit plus dans l'échange avec l'autre.
On le trouve soit dans l'un, soit dans l'autre et presque jamais dans ***un entre deux***.

Cela nous évoque l'absence à l'intérieur de lui même de ce que Winnicott appelle *un espace transitionnel*[5].

L'espace transitionnel, souligne Winnicott, est nécessaire en tant qu'il constitue un « *espace neutre d'expérience* », lieu intime, personnel où le sujet s'illusionne, imagine, trouve et se crée ; une aire de compromis, d'expérience intime entre le

---

[5] Winnicott, Jeu et réalité

47

monde interne et le monde externe, entre l'inconscient et la censure, entre le dedans et le dehors.

C'est cet espace à l'intérieur de soi qui permet à chacun de se sentir exister et même plus, de se sentir vivant et réel : « *Se sentir réel, c'est plus qu'exister, c'est trouver un moyen d'exister soi-même, pour se relier aux objets en tant que soi-même et pour avoir un soi où se réfugier afin de se détendre* ».[6]

Il semble bien que c'est ce refuge intime, comme lieu régulateur et de création de soi, qui fait défaut dans l'organisation psychique du jeune homme. Ce serait le défaut à l'intérieur de sa psyché de cet espace de « flottement » limite entre l'expression subjective (des désirs, des fantasmes) et la réalité extérieure.

Le fait en séance de venir prendre toute la place vient traduire son profond besoin d'exister et d'être reconnu. Mais Hugo laisse aussi peu de place au silence et dans la rencontre avec l'autre, il s'agit bien souvent de « remplir ». Je pense là à ce qui serait le contraire de ce que Winnicott a désigné par *la capacité d'être seul en présence de l'autre*[7]. Pouvoir continuer à être soi face à un autre même si cela ne se fait pas dans un échange verbal. Continuer à sentir la présence et le désir de l'autre même s'il ne nous parle pas, même si pour un temps, il paraît loin de soi, presque étranger.

Pour Hugo, il s'agit très souvent de remplir et d'exister à tout prix. Remplir et éviter de laisser venir une émotion, une pensée qui pourrait le surprendre. Remplir et garder le contact vivant avec l'autre comme avec soi.

Le jeune homme dispose d'un savoir sur lui-même qu'il souhaite développer et il s'agit pour nous de ne pas empiéter.

---

[6] Ibid
[7] Winnicott, <u>La mère suffisamment bonne</u>

Il nous « mâche » parfois le travail et je sens qu'il s'agit pour lui de ne pas perdre le contrôle. Il souhaite comprendre, nous ouvre des portes pour qu'on l' « aide » mais veut garder les choses en main. Dans ses nombreux *va et vient*, je comprends qu'il recherche en même temps qu'il craint ce lien qu'il développe avec nous.

Est-ce qu'il redoute de tomber dans une dépendance absolue à ses thérapeutes avec le risque sous-jacent de se perdre à nouveau dans ce lien ?

Il apparaît dans le « tout ou rien » et il s'agit pour nous de trouver la bonne distance. Trouver la bonne distance dans la relation, celle qu'à l'intérieur de lui, il ne trouve pas. Il s'agit de ne pas être trop proches pour ne pas faire intrusion et de ne pas être trop distants pour lui garantir ce lien et lui montrer qu'on résiste.

Une bonne distance pour lui permettre de prendre sa place tout en lui montrant que nous avons une place aussi de notre côté.

Une bonne distance enfin pour lui permettre *de se déployer*, d'exprimer son désir et dans l'échange pouvoir se découvrir et élaborer qui il est.

Dans cet espace thérapeutique qui apparaît comme un *garde fou*, il expérimente cette possibilité d'être avec l'autre sans se confondre, sans s'y perdre. Il découvre cette possibilité que dans une relation, on peut *ne pas être tout pour l'autre et que l'autre n'est pas non plus tout pour soi.*

Un espace de parole où il occupe le centre comme premier espace intime, comme espace à soi, comme temps pour soi.

C'est de ce point de vue que l'espace thérapeutique apparaît comme un espace transitionnel du dehors à intégrer.

Aussi, lorsque Julien évoque la possibilité de recevoir ses parents, je suis réticente. Pour moi, cet espace est celui d'Hugo, il lui est réservé.

Hugo ne s'oppose pas franchement à l'idée mais il se montre tout de même embarrassé.

Dans la discussion, c'est aussi l'occasion de parler cet espace, d'évoquer ce qu'il représente pour lui, ce qu'il y trouve. C'est à lui que bien évidemment revient le dernier mot et après lui avoir expliqué en quoi cette rencontre peut nous intéresser, nous le laissons faire son choix.

En discutant, je crois qu'il a réalisé que cet espace lui était réservé, que nous lui reconnaissions cette intimité et que s'il ne le souhaite pas, il n'est pas obligé de le partager.

Tout au long de cette rencontre, il était question de le rassurer au moyen de sourire et de regard complice, *on est de votre côté... c'est encore votre espace que l'on défend et que nous représentons... .* Hugo avait peut être peur ici de perdre son espace à lui, quelque chose de l'ordre de son intimité, de son être qu'il dépose là et que l'on représentait et avions à protéger.

Cette rencontre a donc eu lieu mais pas le jour que nous avions prévu... En arrivant avec deux heures de retard le jour fixé, son inconscient s'est bel et bien exprimé !

III 2/ De la triade à la triangulation oedipienne

- **Du transfert...**

Le dispositif à trois s'avère ici précieux. Il permet d'une part de diffracter un transfert dont on peut penser qu'en d'autres circonstances, il aurait été massif.

Il permet aussi à Hugo de réactiver, en s'y confrontant ses représentations inconscientes des figures familiales.

Au départ, nous apparaissions, Julien et moi comme indistingués et c'est à la fois, *lui et nous* et *lui contre nous.* Les secrétaires du service le persécutent franchement et dans les premiers temps, il apparaît bien souvent *seul contre tous.*

Lorsque par la suite, il s'installe dans une dimension transférentielle où il nous perçoit plus franchement comme séparés, je le sens vis à vis de moi dans une certaine ambivalence.

Je suis celle qui a à ses yeux est susceptible de comprendre : « *Elle pourra peut être comprendre elle ?* » et dans le même temps, je ne dois pas trop parler… Hugo ne me laisse pas toujours prendre ma place et quand j'interviens, il s'agit bien souvent de s'opposer.

De même, en nous confiant qu'il a peur de me « *choquer* », j'apparais comme celle qu'il faut protéger. Hugo prend beaucoup de précautions comme si j'étais susceptible de « ne pas tenir le coup ». Je me dis que comme face à sa mère, il cherche à me préserver et qu'il n'est pas encore suffisamment assuré de ma solidité pour se laisser-aller complètement.

Juste après les vacances de Noël, Hugo arrive en nous disant qu'il va « mieux ». Lors de la dernière séance, il ne s'était pas senti bien et il aurait aimé nous téléphoner pendant cette coupure de deux semaines pour nous rassurer.

Je dois avouer que lors de la séance en question, je ne l'ai pas senti différent et encore moins déprimé. A aucun moment, je me suis dit que pour lui *quelque chose n'allait pas*. D'ailleurs, il se montre rarement déprimé et je crois que je ne l'ai jamais vu franchement s'effondrer.

De manière générale, il a du mal à se laisser aller comme si à l'image de ses parents, nous n'étions pas suffisamment solides pour le voir s'effondrer et il s'agit avant tout de nous préserver.

Dans son comportement avec moi, je peux aussi apparaître comme persécutrice et par moment, je suis celle dont il faut potentiellement se méfier.

En représentant ici la figure maternelle et plus largement les figures féminines, je réactive en lui un sentiment de haine. Une haine dont il ne parlera pas en ma présence mais qu'il confiera à Julien lors d'une séance en individuel.

Quelque part, il cherche donc aussi à me protéger de lui. A me préserver de sa haine comme de son agressivité susceptibles à ses yeux de me blesser voire de détruire.

Dans le lien qu'il développe avec Julien, j'ai eu le sentiment que parfois il le mettait « au défi ». En cherchant à se montrer puissant, il les projetait tous les deux dans une sorte de rivalité masculine. Il s'agissait à la fois de venir tester la résistance de Julien mais aussi de jauger ce qu'il en est de sa puissance.

Depuis quelques semaines, Hugo vient davantage chercher des repères masculins et dans leurs moments à deux, il s'agit pour lui d'apprendre à exister *entre hommes*.

Hugo réactive ses images inconscientes et dans l'interaction, il apprend progressivement à les assouplir. Aujourd'hui, il relativise sa haine et se construit de nouvelles représentations féminines comme il découvre que tous les hommes ne sont pas effacés comme son père ni tout puissants comme son grand père.

Il découvre des nouvelles modalités d'être où tout en se risquant ensemble et en créant la relation, il se crée lui-même.

- **...au contre transfert**

Pour moi, il s'agit d'une prise en charge riche mais difficile.

Difficile en raison de la complexité de son fonctionnement et du cœur même de sa problématique. A plusieurs reprises, j'ai senti Hugo « à côté de lui » alors même qu'il ne s'en rendait pas compte. Un décalage qu'il s'agissait de reconnaître et de respecter.

Difficile aussi pour trouver ma place et pour maintenir la bonne distance lui permettant de faire advenir des choses de lui et de les découvrir par lui-même.

Je redoute toujours de faire intrusion, qu'il se replie sur lui et ferme la porte. Et lorsqu'en me montrant trop « moralisatrice » (ce que précisément, il ne fallait pas être…) et qu'il m'a claqué la porte au nez, il s'agissait d'élaborer en moi, de tenter de comprendre et… de prendre sur moi !

Faire la part des choses et restée disponible et présente alors même qu'il m'est arrivée d'être débordée, éprouvée mais aussi attendrie ou… irritée !

Un travail intense et riche aussi parce qu'il est souvent question pour Julien comme pour moi d'aller puiser en soi pour le comprendre et pour l' « aider » autant que possible à (re) prendre le contrôle de sa vie. Lui donner des « outils » en me demandant par exemple ce que j'aurais fait à sa place ? De quoi j'aurais besoin ? A des moments où Hugo ne sait plus ou mal ce qui est bon pour lui.

Il s'agit ici de saisir ce qui de lui est resté en suspens, ce qui de lui n'est pas encore advenu et lorsque c'est possible, lui restituer après en avoir fait quelque chose à l'intérieur de soi.

Il s'agit aussi d'entendre et de reconnaître sa parole pour que dans l'échange, elle lui fasse écho. Etre réactifs, vivants et authentiques dans le respect des limites, pour lui permettre autant que faire se peut de créer puis de tenir sa place.

Le couple de thérapeutes que nous formons est tantôt parental, tantôt tutélaire en faisant tout du long fonction de moi auxiliaire et d'étayage.

Un dispositif à deux qui est à la fois stimulant et enrichissant par les nombreuses discussions que Julien et moi avons eues. Il s'agit d'un travail de co-élaboration qui dans l'échange de nos impressions, engendre une co-création. Enfin, en permettant à chacun d'identifier et de partager ses émotions, ce dispositif s'est avéré bien souvent contenant.

Je crois pouvoir dire enfin que, l'un comme l'autre, nous avons été touchés par le jeune homme. Hugo nous a touchés par le combat qu'il mène pour lui-même et par la confiance qu'il nous a accordée. De notre place d'interlocuteurs particuliers, nous passons à celle privilégiée de témoins de son cheminement vers lui-même.

III 3/ De la découverte de soi dans la rencontre avec l'autre

C'est surtout et avant tout dans la rencontre avec l'autre qu'émerge et se crée ce désir d'exister pour soi et d'exister ensemble.

Quand, dans une histoire il met toutes ses billes en jeu, comme c'est souvent le cas, Hugo ne se donne pas le droit à l'erreur. Il parvient à chaque fois à s'en relever mais les différentes expériences « ratées » qui ébranlent son narcissisme défaillant sont à chaque fois douloureusement et intensément éprouvées.
Ce qui pourrait nous apparaître comme des expériences de jeunesse ou tout simplement les aléas d'une vie sont à chaque fois pour lui des épreuves de profonde remise en question. Ce sont aussi des sentiments extrêmes, violents qui surgissent en le laissant comme on l'a vu, à la fois profondément mal et *en suspens*.

Chaque « vraie » rencontre est excitante, enivrante mais aussi coûteuse et profondément angoissante. Le risque qu'à chaque fois il prend pour lui-même comme l'enjeu existentiel qui sous-tend son investissement mobilisent en lui de nombreuses résistances.
Tel est plus particulièrement le cas dans la rencontre amoureuse.

Hugo et Aurélie sont ensemble depuis quelques mois. Elle poursuit les mêmes études qui lui à un niveau supérieur et ils se sont rencontrés à la fac.

La jeune femme compte déjà beaucoup pour lui et quasiment à chaque séance, il a un mot ou une pensée pour elle. A l'entendre et à le voir parler d'elle, je sens clairement qu'il s'agit d'une rencontre à la fois forte et importante pour lui.

Lorsqu'il rencontre Aurélie, il est attiré par elle, elle partage cette attirance pour lui mais il n'en fait rien. Aussi et pour cette fois, c'est elle qui a du prendre *les choses en main* et faire le premier pas. Hugo était dans l'agir, on le trouve encore beaucoup dans la réflexion et dans l'imagination mais il a du mal à se mettre à l'action.

En dépit de ses résistances et de ses nombreuses appréhensions, je le trouve déjà bien « engagé » dans cette histoire.

Il s'implique et semble en confiance. Il paraît de moins en moins centré sur lui et plus ouvert à elle c'est-à-dire peut être plus ouvert à ce qu'elle peut avoir « d'étranger ». Ils discutent beaucoup, cherchent à se connaître et le jeune homme fait des efforts pour découvrir et faire avec leurs différences.

Il reprend aussi très souvent son habit de *Monsieur plus* notamment en cherchant systématiquement à la « protéger » lorsqu'ils ont à prendre le métro tous les deux. Hugo reste hyper vigilant, toujours sur ses gardes mais je découvre que par ailleurs, il sait aussi se laisser aller.

C'est avec Aurélie que pour une des premières fois, au sortir d'un cours à la fac, il a craqué. Un trop plein de tensions accumulées depuis quelques jours, une journée bien remplie... les angoisses de s'attacher de plus en plus fort à elle, du risque qu'il est en train de prendre... et lorsque cet étudiant passe trop près de lui, le regarde et le bouscule, Hugo fond en larmes. Il est confus, gêné et s'est trouvé *nul* là où très certainement, elle a été touchée.

Le jeune homme donne l'impression ici de davantage « lâcher prise ». Il découvre le plaisir comme la liberté de se laisser porter par son désir jusqu'à se laisser aller en partageant son intimité avec elle, pour la première fois.

Dans cette histoire, ils tentent ensemble de construire. Ils pensent déjà à un avenir partagé et élaborent de nombreux projets. Notamment celui de partir ensemble pour les prochaines vacances ou celui de partager leurs quotidiens.

Aller plus loin avec elle et se fier à ce qu'il désire et pense qui pourrait être bon pour lui, c'est aussi se confronter à de l'inconnu, à de l'imprévu et plus généralement aux aléas de la vie amoureuse. C'est aussi courir le risque que « *ça ne marche pas* » et quelque part se faire mal à nouveau.

Un avenir qu'il pourrait s'agir d'envisager comme un défi à se lancer à soi-même où à côté de la peur de se tromper, il y a aussi le bonheur de pouvoir partager et le plaisir d'avoir su se faire ce cadeau à soi-même. Tout ça n'est pas véritablement à l'ordre du jour mais Hugo y pense souvent et avec plaisir.

Concernant Aurélie, d'autres questions se posent évidemment comme celles de savoir s'il va « *être à la hauteur* » ou de savoir s'il fait le bon choix. Autant de questions qui traduisent aussi son désir et son attachement pour elle comme son engagement en tant que sujet acteur et auteur de sa vie.

Enfin, à côté de son investissement dans cette aventure avec Aurélie, Hugo envisage à contre cœur la question de « *la fin* ». Il y pense très fort et en séance, il en parle souvent.

Au regard de la problématique personnelle du jeune homme, je pense que la question de la fin et par là même de la perte est à envisager selon deux points de vue.

Elle pourrait être sous-tendue d'une part par ses propres questions concernant sa capacité à « vivre sans elle » et parvenir à faire quelque chose en lui de cette histoire comme de sa fin. En faire une expérience positive à laquelle il « subsiste » ce que jusque là, il n'a jamais pu vraiment expérimenter.

Il pourrait s'agir d'autre part de considérer l'idée d' une « fin possible » comme tiers modérateur et/ou séparateur là où dans cette histoire il a à poser seul ses limites et où nous ne faisons plus, ou moins fonction de *garde fou*.

Plus précisément du point de vue du jeune homme, il s'agirait d'envisager la fin pour se protéger contre le risque inconscient auquel le confronte cette rencontre amoureuse. Ce risque sous-jacent de ne pas pouvoir tenir la bonne distance, d'être *tout pour elle* et qu'elle apparaisse comme étant *tout pour lui*. Le risque enfin de ne plus pouvoir créer et de se perdre dans le lien.

On peut envisager son besoin de penser *la fin* c'est-à-dire la séparation comme une « issue de secours » ou un *garde fou* qui lui permet de continuer à se risquer avec elle, et ensemble de créer et de vivre leur histoire.

Conclusion

Dans son cheminement vers lui-même, Hugo a rencontré des obstacles et certaines expériences ont été profondément douloureuses. Mais le jeune homme a aussi toujours gardé confiance et profite depuis le début d'une profonde dynamique de vie. Il est porté par son désir de vivre, d'exister pour soi et aujourd'hui, il paraît plus armé pour interagir avec lui-même comme avec les autres.

Par rapport à la question de *la fin* à la fois redoutée et recherchée, il pourrait s'agir de lui montrer que maintenant il a davantage les outils pour exister tout seul. Qu'ici, il a pu apprendre des choses sur lui tout en se découvrant des nouvelles manières d'être.
En étant davantage à l'écoute de son propre désir et dans la découverte comme dans le respect des limites qui l'encadrent, il se donne aujourd'hui des chances pour toujours mieux se rencontrer. Il paraît plus armé pour créer seul comme dans ses différentes rencontres et semble aussi plus disposé à renoncer.
Accepter de perdre et de renoncer… pour continuer à créer et pour exister.

Pour ma part, la fin de cette prise en charge et plus généralement de mon stage approche. Le travail entrepris auprès d'Hugo va se poursuivre avec mon collègue.
Je découvre que notre engagement à tous les trois dans cette aventure commence de plus en plus à porter ses fruits et au moment de me retirer progressivement de ce travail, je me sens profondément « portée » et encouragée. Tout au long de cette année, j'ai pu me risquer depuis ma fonction de psychologue et découvrir tout en l'affinant sans cesse ce qui constitue la spécificité comme la singularité de mon approche en tant que clinicienne. Cette année de formation a été pour moi riche et précieuse et je la termine portée par ma curiosité et par mon désir toujours plus fort d'exercer ma profession.

D'un point de vue personnel enfin, je me sens grandie et enrichie des moments forts, difficiles mais toujours précieux de la rencontre.

Et pour me consoler face à une fin qui n'en finit pas d'approcher, je rassemble déjà en moi les nombreux souvenirs des moments intenses et privilégiés qu'avec les uns et les autres, j'ai pu partager.

BIBLIOGRAPHIE

ANDRE.J *et al*, 2002, <u>Les états limites</u>, P.U.F, collection petite bibliothèque de psychanalyse.

AULAGNIER P., 1979, <u>Les destins du plaisir. Aliénation-amour-passion,</u> , PUF, le fil rouge.

BERGERET J., 1975 , <u>La dépression et les états limites,</u> Paris, Payot.

BERGERET J. *et al*, 1986, <u>Narcissisme et états-limites</u>, Liège, Dunod, 2003.

BRACONNIER A., <u>Soigner, surveiller, punir. Adolescentes, adolescents</u>. Bayard Editions, 1999.

BRACONNIER A., et MARCELLI D., <u>Adolescence et psychopathologie,</u> Masson Editions, coll. les âges de la vie, 1999.

CHABERT C., BRUSSET B., BRELET-FOULARD F., 2003, <u>Névroses et fonctionnements limites</u>, Dunod, Psycho sup.

FEDIDA P., « Une parole qui ne remplit rien », in <u>Figures du vide</u>, *Nouvelle revue de psychanalyse*, N°11, Gallimard, 1975.

FEDIDA P., 1977, <u>Corps du vide et espace de séance</u>, Paris, Editions Delarge, coll. Corps et culture.

FEDIDA P., 2001, <u>Des bienfaits de la dépression</u>. Paris, Odile Jacob, 2003.

FERENCZI S., « confusion de langue entre les adultes et l'enfant », in <u>Psychanalyse IV</u>, *Œuvres complètes*. Paris, Payot, 1982.

FREUD A., 1949, <u>Le moi et les mécanismes de défense</u>. P.U.F, Bibliothèque de psychanalyse.

FREUD S., 1914, « Pour introduire le narcissisme », in <u>La vie sexuelle</u>, P.U.F., 2004.

FREUD S., 1915, « pulsions et destins des pulsions » in <u>Métapsychologie</u>, Folio essais, 2002.

FREUD S., 1920, « Au-delà du principe de plaisir », in <u>Essais de psychanalyse</u>, Payot, 2002.

FREUD S., 1923, « le moi et le ça » in <u>Essais de psychanalyse</u>, Payot, 2002.

FREUD S., 1925, « la négation » in <u>Résultats, idées, problèmes</u>, tome II Paris, P.U.F, 1985.

FREUD S., 1938, « le clivage du moi dans le processus de défense » in <u>Résultats, idées, problèmes, tome II</u>. Paris, P.U.F. 1985.

GREEN A., 1990, <u>La folie privée, psychanalyse des cas-limites,</u> Folio Essais, 2003.

KAHN M, 1976, <u>Le soi caché,</u> Gallimard, connaissance de l'inconscient.

KERNBERG O.F., <u>Les troubles graves de la personnalité. Stratégies psychothérapeutiques.</u> P.U.F, le fil rouge, 1989.

KOHUT H., <u>Le soi</u>, Le fil rouge, PUF, 1991

LECLAIRE S., 1959, « L'obsessionnel et son désir », in *L'évolution psychiatrique*, juil.-sept.1959, n°3, p.388

MIJOLLA A. (De) (sous la direction de), <u>Dictionnaire international de la psychanalyse,</u> volume 1 et 2, Hachette littératures, collection grand pluriel, 2005.

PONTALIS J.B., 1977, « naissance et reconnaissance du soi », in <u>Entre le rêve et la douleur</u>, Gallimard, connaissance de l'inconscient.

PONTALIS J. B.,1999, Fenêtres, Gallimard.

RICATEAU M., 2005, « Des exigences de la pratique clinique », in *revue de Psychologie clinique*, n°20, Paris, L'Harmattan, p.101.

RICHARD F., Psychothérapie des dépressions narcissiques, PUF, voix nouvelles de la psychanalyse, 1989.

RICHARD F. & URRIBARRI F., 2005, Autour de l'œuvre d'André Green. Enjeux pour une psychanalyse contemporaine. P.U.F, Paris.

RICHARD F.& WAINRIB S., *et al.*, 2006, La subjectivation, Dunod, coll. Inconscient et culture

ROSOLATO G., « L'axe narcissique des dépressions », in Figures du vide, *Nouvelle revue de psychanalyse*, n°11, Gallimard, 1975.

SIBONY D, 2007, L'enjeu d'exister, Seuil, Collection la couleur des idées.

WIDLOCHER D., BRACONNIER A., Psychanalyse et psychothérapies, Flammarion, collection Médecine et Sciences, 1998.

WIDLOCHER D., *et al.,* Traité de psychopathologie, PUF, 2005.

WINNICOTT D.W., 1971, Jeu et réalité, folio essais, 2002.

WINNICOTT D.W., 2000, La crainte de l'effondrement et autres situations cliniques, Gallimard, collection connaissance de l'inconscient. (recueil de travaux de 1939 à 1970).

WINNICOTT, D.W, 2006, La mère suffisamment bonne, (recueil de textes), Petite bibliothèque Payot.

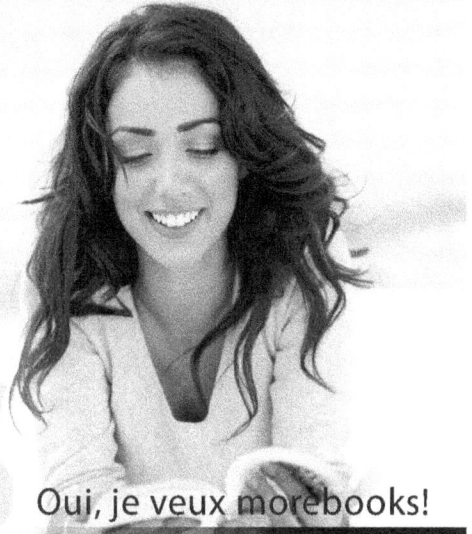

www.ingramcontent.com/pod-product-compliance
Lightning Source LLC
Chambersburg PA
CBHW031056280326
41928CB00047B/349